Chambre de Commerce
DE LILLE.

QUESTION DES SUCRES.

CONSIDÉRATIONS

Adressées à Messieurs les Membres des Chambres législatives.

13 février 1843.

LILLE,
Typographie de PARVILLEZ-ROUSELLE, Lythographe et Papetier,
rue des Mannelliers, 6.

CHAMBRE DE COMMERCE
de Lille.

QUESTION DES SUCRES.

La Chambre de commerce de Lille, dès qu'elle a eu connaissance de la présentation du projet de loi portant interdiction de l'industrie du sucre indigène, a soumis l'exposé des motifs de cette loi à une discussion approfondie, à la suite de laquelle elle a délégué trois de ses membres pour en combattre l'adoption.

Ces délégués sont : MM. Fréd. Kuhlmann, membre du Conseil général du commerce; J. Lefebvre, membre du Conseil général de l'agriculture, et H. Bernard, régent de la Banque de Lille.

Les Délégués de la Chambre de commerce de Lille,

A Messieurs les Membres des Chambres législatives.

Messieurs,

Le Gouvernement a soumis à votre sanction un projet de loi sur les sucres portant interdiction de la sucrerie indigène avec indemnité en faveur des fabricants.

La Chambre de commerce de Lille, qui a dans sa circonscription les arrondissements de Lille, de Douai et de Cambrai, qui comptent ensemble 96 fabriques en activité, ayant produit pendant la campagne de 1841-1842 plus de 8,500,000 kilog. de sucre, c'est-à-dire, plus du quart de la fabrication totale, ne pouvait rester impassible en présence des projets du Gouvernement. Pouvait-elle se taire lorsque les fabricants de sucre n'ont plus un intérêt puissant à la défense de leur industrie; que la loi d'interdiction, en stipulant une indemnité en leur faveur, les garantit contre toute perte; qu'elle vient en aide à plusieurs d'entre eux qui, depuis quelques années, ne continuent leur travail que dans l'espoir de cette solution de la question et fait à tous une position préférable à la lutte incessante et pénible à laquelle des aggravations successives de charges les ont obligés.

La Chambre de commerce a, dans cette circonstance surtout, dû s'élever au-dessus des intérêts privés; elle n'a dû envisager la question des sucres qu'au point de vue des intérêts généraux du pays, des intérêts d'avenir que cette question soulève d'une manière si grave.

I.

Exposé général.

Les mesures législatives intervenues en 1837, en 1839 et en 1840 semblaient avoir fixé d'une manière définitive comme un droit imprescriptible l'existence de l'industrie du sucre indigène.

La loi qui vous est présentée, Messieurs, tend donc au grave résultat du renversement des principes qui ont prévalu jusqu'ici, et à la faveur desquels la France a vu se développer avec sa richesse agricole une source féconde de travail, la plus sûre de toutes les conquêtes, la meilleure garantie d'une prospérité durable.

Nous n'examinerons pas si l'art. 9 de la Charte admet le droit de l'expropriation d'une grande industrie devenue la propriété des travailleurs et qui s'est associée par une solidarité d'intérêts à toutes les industries, à toutes les sources de production du pays; nous n'examinerons pas s'il n'y a pas une extension dangereuse, inconstitutionnelle du droit d'expropriation dans la proposition du Gouvernement. Il n'est pas nécessaire à la Chambre de commerce de chercher un appui dans des considérations de cette nature;

elle peut, sans nuire à la cause qu'elle a mission de défendre, accepter le droit le plus absolu, le plus régulier.

Dès 1839, la pensée de sacrifier l'industrie métropolitaine à des intérêts fiscaux s'était fait jour. Un amendement d'un honorable député, aujourd'hui ministre des finances, tendait à ce résultat et a échoué devant la sagesse de la Chambre des députés.

Cette pensée entretenue, excitée par des intérêts basés sur la ruine de l'industrie, s'est reproduite en différentes circonstances. En décembre 1841, M. le ministre du commerce cherche à lui concilier l'appui des conseils généraux, de l'agriculture, des manufactures et du commerce.

La question des sucres a été longuement débattue dans ces Conseils. Aucun ne put se rendre aux excitations qui l'entouraient. Aucun ne voulut prendre la responsabilité d'un vote aussi contraire à la protection due au travail national.

Le Conseil général de l'agriculture, en votant en faveur du maintien de la loi de 1840, en ce qui concerne les droits des sucres indigènes et coloniaux, a demandé une élévation de la surtaxe sur le sucre étranger. Le Conseil général des manufactures s'est borné à demander le *statu quo*. Au sein même du Conseil général du commerce, composé en grande partie des représentants des villes maritimes, la discussion a fait écarter l'interdiction comme une innovation dangereuse en matière de législation commerciale. La majorité de ce Conseil a demandé l'égalité des droits pour les deux sucres de production nationale.

Ainsi, les Conseils généraux ont été unanimes pour repousser la suppression de l'industrie métropolitaine et pour lui assurer la part de la consommation à laquelle ne peut pourvoir le travail colonial.

Ces résolutions si décisives, si accablantes pour l'esprit dans lequel les questions avaient été posées, semblaient de nature à faire abandonner à jamais tout projet de destruction.

Cependant, sans tenir compte de ces manifestations, M. le ministre convoque le Conseil supérieur du commerce, et la grande, l'unique question qui lui est soumise est la question des sucres.

Là, du moins, le Gouvernement était assuré de sa majorité ; neuf membres de ce Conseil avaient été pris parmi les chefs de services des différentes administrations financières, commerciales et maritimes, et des nominations récentes semblaient encore devoir fortifier cette majorité.

Eh bien, dans ce Conseil même, qu'est-il arrivé ? Cette majorité si compacte, s'est bien éclaircie lors de la discussion, elle s'est presque effacée, et, ce qui était certes un enseignement suffisant, cette majorité en faveur des projets ministériels s'est réduite à *une voix*.

Ainsi le pays avait manifesté d'une manière éclatante sa réprobation pour des tendances si hautement avouées, si publiquement affichées.

Le pays s'était remis de son émotion ; le Gouvernement paraissait un instant avoir pris son parti ; il s'occupait, bien qu'un peu tardivement, de perfectionner la perception de l'impôt sur le sucre indigène, et les Chambres, par un subside de 600,000 fr., lui en ont assuré les moyens ; 400 employés ont exercé les fabriques de sucre, et la Chambre de commerce aime à le constater, les mesures adoptées eurent la plus grande efficacité.

Telle paraissait être la concession faite à l'opinion publique, mais en réalité, et contrairement à tous ces avis donnés par des délégués venus de tous les points de la France et qui prenaient leur mandat au sérieux, l'on n'a pas cessé de faire jouer le prisme de l'indemnité aux yeux des fabricants désespérés ; de flatter les espérances des ports; d'engager les colonies dans une voie fatale.

Toujours on a complaisamment calculé les bénéfices que pouvait procurer au trésor l'anéantissement de l'industrie métropolitaine, l'on a calculé peut-être par avance le bénéfice que procurerait plus tard l'anéantissement du travail colonial. Et pendant ces beaux rêves d'une étroite fiscalité, nos marchés se sont surchargés de produits obtenus sans bénéfice, sinon à perte, par des fabricants métropolitains qui n'ont continué leurs travaux de fabrication en leur donnant même quelque importance, que dans l'unique but de rester aptes à recevoir une large part de l'indemnité promise. Après s'être ainsi engagé envers les uns par des promesses inconsidérées, s'être concilié l'appui des autres par des menaces d'aggravations en cas de

résistance, l'on vient vous dire, Messieurs, *que la situation ne s'est pas améliorée ; qu'elle s'est de plus en plus aggravée;* que la loi ancienne ne satisfait personne ; et en même-temps l'on cherche à augmenter les chances de l'adoption par les Chambres, de cette loi tant désirée, en faisant un sombre tableau de l'état de nos finances, en s'appesantissant dans l'exposé des motifs du budget de 1844, sur un déficit que contredit le budget lui-même.

Pour justifier la demande de la suppression de l'industrie du sucre indigène, on s'étaye de l'appui des ports, des colonies, même des fabricants de la métropole; hors de la suppression, vous dit-on, tous les intérêts sont froissés; fabricants coloniaux, fabricants indigènes, négociants des ports, tout le monde se plaint, et pour la Chambre de commerce de Lille, qui, en raison des intérêts qu'elle patronne, a dû suivre tous les détails de ces débats, il n'y a en réalité que le pays qui puisse se plaindre. Elle pense que les représentants du pays sont en droit de demander compte au Gouvernement de cette guerre incessante qu'il fait à l'une des productions nationales placées sous la sauve-garde des décisions législatives, et de cette perturbation que depuis plusieurs années il a jetée dans le commerce d'un produit qui a pris une place si importante dans la consommation, d'une denrée devenue de première nécessité.

II.

Examen des motifs présentés à l'appui de la loi d'interdiction.

§ I.er — COEXISTENCE DE L'INDUSTRIE MÉTROPOLITAINE ET DE L'INDUSTRIE COLONIALE.

L'argument principal de l'exposé des motifs, c'est que la coexistence du sucre colonial et du sucre métropolitain éternisera une lutte entre les deux industries, et empêchera l'une et l'autre d'arriver à une prospérité durable. Si l'intention de M. le ministre était de créer un monopole en faveur de l'industrie coloniale, on concevrait son aversion pour la betterave, mais il n'en est pas ainsi, il ne s'agit pour lui que du remplacement du sucre indigène par le sucre du Brésil ou de l'Inde; il ne saurait vouloir, en effet, qu'il n'y eût pas lutte, et que le consommateur fût exposé, ne pouvant puiser qu'à une source d'approvisionnement insuffisante, à être abusivement exploité par une élévation désordonnée dans les prix et par tous les inconvénients de la spéculation. En tout temps le législateur a eu en vue l'intérêt du consommateur et par conséquent la nécessité d'exciter les progrès industriels en arrêtant à de certaines limites la protection dont les industries nationales sont l'objet, mais jamais encore il n'a songé à détruire l'une de deux industries rivales au profit de l'autre, par le motif d'un excès de production, jamais surtout il n'a songé à détruire une industrie nationale pleine d'avenir au profit d'une industrie étrangère.

§ 2. — SITUATION DE L'INDUSTRIE MÉTROPOLITAINE.

M. le ministre, dans son exposé des motifs, reconnaît que la majorité des fabriques de sucre indigène se trouve dans un état précaire, et que la loi de 1840 a suffisamment chargé l'industrie; que les fabricants préfèrent l'interdiction avec indemnité à toute élévation du taux actuel de l'impôt, et selon lui : *Rien ne prouve mieux que ce fait l'impossibilité de la coexistence des deux sucres.* Conclusion qui ne conduirait à rien moins qu'à interdire toutes les industries, pour peu qu'une crise commerciale vienne à les atteindre.

Si M. le ministre s'était proposé de prouver que la législation n'a pas établi une pondération convenable entre les industries coloniale et métropolitaine, nous chercherions à démontrer combien cette législation a fait une position difficile à la dernière, nous ferions voir la ruine déjà consommée de plus du tiers de nos sucreries; nous ferions comprendre que près de cent fabriques ne se soutiennent que dans l'espérance de l'indemnité, et que, cette espérance perdue, le nombre de nos fabriques se trouvera réduit de près de 600, qu'il était en 1838, à moins de 300. Nous lui ferions comprendre comment s'expliquent les mouvements survenus dans les chiffres officiels de la production, à partir de l'époque où la fabrication avait atteint 49 millions de kil.; nous lui ferions voir 160 fabriques succombant déjà sous la charge d'un droit de 15 fr., et la production réduite à 22,749,000 kil. en 1839-1840. Nous lui ferions voir que la loi de 1840 n'a jamais été expérimentée dans des conditions normales; que la première année, une élévation momentanée du prix des sucres, due à des appréhensions d'une guerre avec l'Angleterre, a donné quelqu'excitation à nos producteurs; qu'ensuite l'espoir de l'indemnité a fait rouvrir quelques fabriques; que l'indemnité devant être proportionnée à l'importance du travail, il en a dû résulter nécessairement un développement de production. Ainsi se trouvent justifiés les chiffres de la fabrication métropolitaine, de 26,940,000 kil. en 1840-1841, et 31,235,000 kil. en 1841-1842.

Dans les documents officiels remis par M. le ministre du commerce aux conseils généraux en décembre 1841, nous voyons que pendant l'année 1839 les prix des sucres bonne 4.e s'étaient maintenus sur la place de Paris, dans les limites de 114 à 125 fr. les 100 kil., et que la moyenne a été de 118 francs; qu'en septembre, octobre et novembre 1840, (époque à laquelle se sont faits un grand nombre d'engagements avec les cultivateurs), les prix s'étaient élevés à 149 et 150 fr., et qu'à pareille époque de 1841 ils étaient retombés à 118 fr. Ainsi, la seule appréhension d'une guerre maritime a donné lieu à une élévation subite du prix des sucres de plus d'un quart. Quel enseignement pour le pays en faveur de la conservation de la sucrerie indigène?

L'augmentation de 25 p. % de la production métropolitaine indiquée par M. le ministre, pour les trois premiers mois de cette campagne, sur celle de la période correspondante de l'année dernière, vient démontrer seulement ce que M. le ministre n'aurait pas dû ignorer, que les travaux de la fabrication, commencés de bonne heure, en raison de la maturité précoce des betteraves, se sont principalement concentrés dans les trois derniers mois de l'année 1842, et ont dû donner lieu à une rapide production, parceque la betterave a donné en compensation d'une faible récolte un rendement de 1/6me plus élevé que l'année dernière ; aussi les 2/3 des usines ont déjà terminé leurs travaux, et presque toutes les autres les termineront dans le courant de ce mois (février).

M. le ministre, dans son appréciation de l'augmentation de la production métropolitaine, ne fait pas entrer l'influence que devaient nécessairement exercer sur le chiffre officiel de la fabrication de 1840-1841 et 1841-1842, les améliorations successives dans le mode de perception dûes seulement à l'expérience qu'avait acquise l'administration ; dans son appréciation du chiffre probable de la production de 1842-1843, il ne tient même aucun compte des moyens supplémentaires de surveillance consistant dans l'exercice des fabriques par 400 employés exclusivement chargés de ce service. M. le ministre a établi qu'en 1841, 14 millions de kil. ont échappé à l'impôt; s'il venait à défalquer 14 millions de kil. du chiffre officiel de la production de 1842-1843, qui ne dépassera pas sensiblement celui de l'année dernière (31,235,000 kil.), que deviendrait l'argument d'un développement considérable de production ?

La Chambre de commerce éprouve le besoin, Messieurs, de vous signaler l'oubli de ces circonstances dans l'argumentation de l'exposé des motifs du projet de loi; alors que des abus existaient, bien qu'on en eût exagéré l'importance, la Chambre de commerce de Lille a pris l'initiative auprès de M. le ministre pour solliciter des améliorations dans cette partie de l'administration; aujourd'hui qu'elle a la conviction que ces abus ont cessé, que l'impôt est intégralement perçu ou du moins que ce qui échappe à la perception est absolument insignifiant, il lui appartient de combattre toute intention de se faire encore de l'accusation de fraude, une arme contre l'existence de la sucrerie indigène.

L'argument tiré de l'existence d'un stock en entrepôt, que M. le ministre évalue à 40,000,000 de kil. en produits indigènes et coloniaux, a-t-il une grande valeur ? Ce chiffre représente le tiers seulement de la consommation annuelle, et ne doit pas paraître si exorbitant, lorsqu'on considère qu'il n'existe plus aucun approvisionnement dans nos raffineries, ce que justifie suffisamment l'instabilité de la législation.

M. le ministre, pour arriver à démontrer que la fabrication indigène s'élève à plus de 50,000,000 de kil., ce qui, avec les 90 millions de production coloniale, lui permet de constater que la production dépasse de beaucoup la consommation, appelle à son aide le sucre de fécule, dont suivant lui la fabrication annuelle ne s'élève pas à moins de 13 à 14 millions de kil. Ce chiffre est très-exagéré s'il doit s'appliquer à du sucre concret et sec, qui n'est fabriqué, jusqu'ici, que par quelques établissements des environs de Paris. Mais ce chiffre, fût-il exact, l'on ne saurait encore s'en faire un argument contre le sucre de betteraves. La loi de 1840 n'a fait aucune distinction entre les sucres indigènes de diverses origines; si le Gouvernement avait eu quelque doute sur l'assimilation à établir, il pouvait en référer de nouveau aux chambres, pour faire décider plus explicitement si des sucres présentant des caractères de composition, de puissance sucrée et de cristallisation différentes, devaient supporter les mêmes droits. Les chambres, appelées à examiner spécialement cette question, eussent apprécié s'il convenait d'établir des différences entre les sucres indigènes de natures diverses, en raison de leur production plus ou moins économique ou des intérêts publics qui s'attachent à cette production, mais un examen attentif de cette question faisait surgir pour le Gouvernement de nouveaux embarras qu'il a eu hâte d'éviter en se prononçant en faveur du système radical de l'interdiction, qui frappe non seulement le sucre de betteraves, mais encore le sucre de fécule, mais toutes les espèces de sucre dont la science pourrait un jour enrichir le pays.

§ 3. — SITUATION DE L'INDUSTRIE COLONIALE.

Pour dépeindre la misère coloniale, M. le ministre dit que les colonies perdent 6 fr. par 50 kil. de sucre, en vendant ce produit à 17 fr., tandis que les enquêtes ont prouvé qu'il leur fallait un prix rémunérateur de 23 fr.

50 c. *comme prix nécessaire, si non pour donner des bénéfices, au moins pour assurer la subsistance et le travail du producteur.*

Eh quoi, depuis que des enquêtes, qui datent de plusieurs années, ont établi que le prix rémunérateur de la sucrerie coloniale devait être de 23 fr. 50 c., il n'y aurait pas eu d'amélioration dans les travaux des colonies, alors que depuis six ans les perfectionnements de la fabrication du sucre de betteraves ont permis de supporter successivement un droit qui s'élève aujourd'hui à 27 fr. 50 c. par 100 kil. de sucre; alors que les défenseurs des colonies disaient encore l'an dernier que le sucre de betteraves était une industrie de serre chaude, une industrie parasite qui vivait aux dépens du trésor et qui n'avait pas d'avenir; que la production coloniale, au contraire, pouvait réaliser d'immenses progrès. Et malgré l'état précaire que l'on voudrait faire aux colonies par la condition du travail de leurs sucreries, les colons ont augmenté successivement ce travail, si bien qu'elles ont livré cette année, au marché français, plus de sucre qu'à aucune autre époque, sucre qu'elles ont trouvé à vendre aux prix qui leur étaient payés les années précédentes. Pourquoi ne pas invoquer, en faveur des colonies, le prix rémunérateur que les colons demandent d'après leurs délégués : 27 fr. les 50 kil.; lorsque Porto-Rico, qui fabrique par les mêmes procédés, et se trouve dans les mêmes conditions de travail, ne réclame qu'un prix rémunérateur de 11 fr. les 50 kil. de sucre rendu au port de départ et que la production y est en voie de développement.

Quelle conclusion peut-on tirer de cette discussion des prix de revient aux colonies comme dans la métropole, quand ils diffèrent si essentiellement d'une exploitation à une autre. Il faut donc juger de la situation des colons, en ce qui concerne la sucrerie, d'après le développement que prend l'industrie, et ce développement est considérable. La production coloniale de 17 millions en 1815 et qui n'était encore en 1840 que de 75 millions de kil., s'est élevée en 1841 à 85 millions et en 1842 à 90 millions [*]; comment croire qu'une industrie qui se trouve placée dans

---

[*] Dans cette augmentation, Bourbon, qui jouit d'une faveur spéciale, a pris la plus grande part; cela donne lieu à examiner si la nécessité de l'exception faite en faveur de cette colonie est encore justifiée.

les conditions qu'indique l'exposé des motifs de la loi puisse prendre un pareil développement ; car pour les producteurs coloniaux on ne saurait invoquer l'excitation due à la promesse d'une indemnité proportionnée au chiffre de la production. Nous n'entendons cependant pas établir que nos colonies soient dans un état prospère; mais il nous paraît certain que l'industrie sucrière, si avantageuse qu'elle puisse être dans nos colonies, en la comparant à celle des colonies étrangères, ne saurait, dans aucun cas, empêcher que les colons ne soient dans un état précaire, et cela par le manque de crédit qu'augmente encore la menace d'une prochaine émancipation des esclaves. Or, la question des sucres se lie intimement à cette question d'émancipation et la substitution des sucreries aux caféières a rendu cette émancipation plus difficile en augmentant le besoin de la main-d'œuvre. Telle surface qui, plantée en café, exigeait le travail de trente esclaves, exige aujourd'hui, pour la culture et la fabrication du sucre, le travail de près de deux cents esclaves. Bourbon qui en 1827 fournissait à la Métropole 2 millions de kil. de café, n'en a plus fourni en 1841 que 598,000 kil.; par contre, sa production de sucre a augmenté dans la même période de temps, de 4 millions de kil. à 28 millions de kil.

Rien ne nous paraît moins rationnel que de vouloir trancher d'une manière absolue la question des sucres, tant qu'on laisse pendante la question de l'émancipation.

§ 4. — ÉGALITÉ DE L'IMPÔT POUR LES PRODUCTIONS COLONIALE ET MÉTROPOLITAINE.

Les producteurs coloniaux ont tort de se plaindre de la loi de 1840, car, depuis plusieurs années, leurs sucres se sont placés aux mêmes prix; ils n'ont pas eu de charges nouvelles à supporter, on ne leur a demandé aucun progrès. Le sucre indigène est-il resté dans les mêmes conditions ? Certes non.

Les défenseurs de l'intérêt colonial réclament l'interdiction du travail métropolitain au nom du pacte qui lie la Métropole à ses colonies. Quel est-il donc ce pacte, quel est le principe qui l'a dicté ? établit-il le travail colonial sur les ruines du travail métropolitain. La Métropole, avec sa population de 35,000,000 d'habitans, consent-elle à être exploitée au profit de colonies éloignées qui comptent 70,000 colons et 250,000 esclaves? Nullement; la Métropole a voulu au contraire que les colonies vinssent en aide au travail métropolitain et que leurs industries lui fussent subordonnées ; ce pacte a imposé aux colons de livrer leurs sucres à l'état brut, afin d'en assurer le raffinage à la Métropole ; il a frappé de droits prohibitifs leurs liqueurs distillées qui eussent pu venir se substituer à nos eaux-de-vie. Si tel est l'esprit dans lequel le pacte colonial doit être compris, qui pourrait nous persuader que la Métropole eût consenti à sacrifier sa production intérieure, non pour conserver aux colons des débouchés (nous avons suffisamment établi que dans la question des sucres cela n'est pas nécessaire); mais pour permettre, au besoin, aux colonies, d'exploiter le consommateur de la Métropole par une élévation désordonnée dans les prix. Or, si les défenseurs des colonies ne raisonnent pas en vue d'une élévation dans le prix des sucres, nous ne comprenons plus quelles peuvent être leurs vues.

L'égalité des droits pour les deux productions métropolitaine et coloniale, dans un avenir si éloigné qu'il puisse être, est un système que la Chambre de commerce de Lille a toujours combattu ; elle comprend l'égalité de l'impôt pour des productions métropolitaines, mais le régime colonial est tout exceptionnel ; l'égalité d'impôt est-elle invoquée pour les liquides fermentés, les produits de la distillation, etc. ? Cette égalité existe-t-elle pour les charges de toute nature, contributions directes, indirectes, etc., etc.? N'a-t-on pas placé les colons dans des conditions particulières?

La Chambre de commerce a toujours combattu le principe de l'égalité comme injuste, et elle le considère comme dangereux dans son application, comme contraire aux intérêts coloniaux eux-mêmes. Le système de pondération qui a prévalu dans la législation tend en effet à une égalisation des droits; mais du moment où il a admis des différences en faveur du sucre indigène dans son début, il peut admettre des différences en faveur du sucre colonial dans l'avenir. Enfin il s'accorde avec le maintien du droit réduit accordé au sucre Bourbon, aussi long-temps que cette réduction sera nécessaire.

La Chambre de commerce ne voit dans la pondération aucune difficulté, du moment où aucune promesse imprudente ne vient illusionner une partie des producteurs sur l'avenir des mesures législatives. Ecartez l'interdiction, et le développement de la production sera votre boussole ; il sera le symptôme le plus certain de la prospérité, comme la décroissance de la production exprimera la détresse de l'industrie. La Chambre de commerce de Lille est plus conservatrice des intérêts coloniaux que ceux qui demandent l'égalité des droits en principe.

Un honorable Député disait récemment, pour justifier la suppression : *Le jour où quelques fabriques pourront supporter le régime de l'égalité, la question de l'approvisionnement entier est résolue en faveur du sucre indigène ; c'est là une conséquence qu'il faut oser aborder et apprécier**. On voit que nous ne reculons pas devant cette appréciation et que, dans aucune circonstance, nous ne pouvons craindre de voir le travail colonial anéanti tout aussi long-temps que, conservant en main les moyens de pondération dont le principe est dans la loi de 1840, le pays jugera utile à ses intérêts d'en faire l'application.

Ajoutons que les colonies elles-mêmes ne veulent plus du principe de l'égalité des droits, et leur objection à cet égard est fondée. Mais si tant est qu'on reconnaisse à la production métropolitaine tant d'éléments de vie pour admettre qu'elle puisse un jour lutter avec avantage à droits égaux, malgré les immenses impôts de toute nature que supporte le producteur métropolitain et que ne supporte pas le producteur colonial, comment est-il possible que l'on arrive à la conclusion qu'il faut interdire l'industrie métropolitaine qui pourrait un jour donner au trésor des revenus plus considérables que le sucre colonial lui-même, cela est vraiment inconcevable. **

---

* Discussion dans les bureaux de la Chambre des Députés.

* Pour donner la mesure de l'importance des recettes que procure indirectement au Trésor l'industrie du sucre de betteraves, nous ne citerons que le fait suivant :

Cette industrie consomme annuellement 3 millions d'hectolitres de houille. La France, obligée de tirer de la Belgique cette quantité de houille en supplément d'une partie de celle destinée à sa consommation générale, perçoit sur ces houilles, au droit minime de 16 1/2 centimes par quintal métrique, la somme de 500,000 fr. environ ; et en admettant qu'elle perçoive une somme égale pour droits de navigation sur ses canaux, et ce chiffre est bien peu élevé, il en résulte pour le Trésor, par ce fait seul, une recette annuelle de 1 million de francs. C'est le sixième du sacrifice apparent que fait aujourd'hui le Trésor en faveur du travail métropolitain comparé au travail colonial.

§ 4. — INTÉRÊTS DE L'INDUSTRIE MANUFACTURIÈRE ET DE L'AGRICULTURE.

Dans l'exposé des motifs, l'on va jusqu'à prétendre que l'intérêt de l'industrie et de l'agriculture se joint à celui des colons et du trésor en faveur du système de la suppression des sucreries métropolitaines.

Il y a quelque chose de par trop contradictoire dans cette proposition que l'intérêt de l'industrie nationale demande la suppression d'une industrie nationale; c'est un principe qui conduirait bien loin le législateur qui viendrait à l'adopter; tous les jours à sa barre se présenteraient les industries en lutte les unes avec les autres; tous les jours les industries anciennes viendraient réclamer contre l'envahissement de la consommation par une industrie nouvelle. Ce serait une protestation continuelle contre les progrès et les conquêtes industrielles. Après tout, à quoi tend au fond l'argument de M. le Ministre quant à l'industrie manufacturière? A faire voir la compensation que trouveraient nos manufactures dans l'extension de nos relations que pourrait procurer l'achat des sucres étrangers. Ce sont là des avantages bien incertains, car il ne faut pas se le dissimuler, nos produits manufacturés trouveront partout les produits anglais contre lesquels nous sommes obligés de garantir nos propres marchés, et de plus, ne faudra-t-il pas, pour que ces sucres étrangers puissent trouver un placement avantageux en France, diminuer la surtaxe qui protège les sucres coloniaux. Ne serait-ce pas amener la ruine de nos propres colonies qui, grâce à leur production sucrière, offrent aujourd'hui à nos manufactures un débouché annuel et assuré de 60 millions de francs. Déjà, et ce sont les propres paroles de M. le Ministre que nous reproduisons : *au taux actuel la surtaxe oppose au sucre de quelques provenances une barrière à peine suffisante.* Ainsi l'on nous proposait, dans l'intérêt même de nos manufactures, de sacrifier un travail manufacturier de 25 millions de francs dans la métropole, et de compromettre un débouché pour nos manufactures de 60 millions de francs que nous procurent nos colonies, garanties actuellement contre l'envahissement des sucres étrangers par l'appui que trouve le travail national dans l'existence des sucreries de la métropole. Et nos manufacturiers se laisseraient aller à de pareils sophismes; ils ne verraient pas, dans une production nationale de 25 millions, dont plus de la moitié arrive directement au consommateur principal, à l'ouvrier, une somme de débouchés plus abondants et mieux assurés que ceux très-problématiques que pourraient donner des traités de commerce, où l'on ne donne rien pour rien, qui seraient consentis non seulement à la condition du sacrifice de la production métropolitaine, mais qui viendraient encore compromettre dans un avenir peu éloigné le sucre colonial et par conséquent les débouchés coloniaux. Ils ne perdront pas de vue cette déclaration de M. le Ministre des finances qui, lors de la discussion dans les bureaux de la Chambre des Députés, disait : *On m'a accusé de vouloir faire l'affaire des sucres étrangers. J'en conviens, et c'est là ma pensée.*

Et cette autre déclaration d'un défenseur du projet de loi, qui, dans la même circonstance, demandait que *le sucre colonial eût pour concurrent le sucre étranger auquel le marché français devait s'ouvrir largement.*

Les manufactures verront que dans aucune circonstance le principe du travail national n'a été plus gravement compromis.

Ce que nous avons dit de l'intérêt manufacturier s'applique avec non moins de force et de vérité à l'industrie agricole, cette industrie tant fêtée dans les discours d'apparat, et dont les intérêts sont plus spécialement placés dans les attributions de M. le ministre du commerce.

Dans l'intérêt de cette industrie on propose de sacrifier la betterave à la vigne, de faire un sacrifice certain et immense ; le sacrifice de la production de 800 millions de kil. de betteraves au désir de chercher quelques débouchés lointains à nos vins, lorsque toutes les tentatives faites à cet égard ont eu si peu de succès, et lorsque déjà tout le marché national est assuré à nos vinicoles ; et c'est dans cette perspective, qu'un ministre de l'agriculture espère trouver de larges compensations à la suppression d'une industrie toute agricole, le même qui ne cesse de répéter, *qu'il ne connaît d'autre moyen de faire prospérer l'agriculture, que de la rendre manufacturière et industrielle, afin d'attirer vers elle les capitaux et les intelligences.*

Toute fois comme la compensation sur ce point est difficile à démontrer, les partisans de la suppression de l'industrie métropolitaine ont cherché à rapetisser l'intérêt agricole dans la question des sucres, et il faut bien le dire, ils ont trouvé des fabricants auxquels le besoin d'une liquidation au moyen de l'indemnité a fait dénigrer l'industrie avec la même exagération qu'ils en avaient mis à la prôner dans d'autres circonstances. La Chambre de commerce de Lille ne peut que déplorer les écarts dans lesquels les projets et les excitations du Gouvernement ont conduit les intérêts privés.

Les délégués des colonies, largement rétribués par les colons pour défendre leurs intérêts, compromettent l'avenir colonial avec le même aveuglement que les fabricants de sucre désertent la cause du travail national.

S'il était nécessaire de démontrer encore combien l'intérêt agricole s'attache à la production annuelle des 800 millions de kil. de betteraves nécessaires à la sucrerie métropolitaine, nous traduirions l'opinion des cultivateurs-fabricants qui ne veulent pas faire servir la suppression d'une industrie du pays à des spéculations dans leur intérêt privé.

A voir M. le ministre de l'agriculture venir proposer à la France d'interdire la fabrication du sucre de betteraves, l'on est conduit tout d'abord à penser que l'industrie nouvelle n'a pas répondu aux encouragements qui lui ont été accordés. Et cependant, nous sommes en droit de le demander à M. le ministre, cette industrie n'a-t-elle pas résolu un des problèmes les plus difficiles de l'économie sociale? Elle a attiré dans nos campagnes les capitaux, l'intelligence et l'esprit de calcul qui appartiennent à l'industrie de nos villes. En offrant du travail dans la saison morte, elle a puissamment contribué à détruire les habitudes de contrebande qui démoralisent la classe ouvrière de nos frontières; elle a propagé chez nos cultivateurs l'emploi des instruments les plus perfectionnés; elle a familiarisé l'ouvrier campagnard, jusqu'alors si ignorant, avec le maniement des instruments les plus compliqués, avec la conduite des opérations chimiques les plus délicates. La sucrerie a fait plus pour l'agriculture que toutes nos sociétés d'agriculture, nos comices agricoles, nos fermes-modèles. Et, d'un autre côté, que de progrès se sont accomplis dans l'industrie elle-même; que d'applications de la chimie et de la physique, que de procédés et d'appareils nouveaux sont venus rendre le travail plus économique et plus parfait. Est-elle sans avenir, cette industrie qui, dans le court espace de six années, est arrivée au résultat inespéré de diminuer d'un tiers le prix de revient de ses produits?

Faudra-t-il donc reconnaître que la protection n'a été acquise à notre industrie sucrière qu'alors seulement qu'elle n'était qu'à l'état d'essai, que sa réussite était problématique; que trente années de sacrifices de toute nature, capitaux, intelligence, travail, doivent conduire, dès les premiers jours de la réussite, à une agonie de l'industrie sous le poids de charges disproportionnées à ses forces, ou à une honteuse immolation?

Faudra-t-il reconnaître que les perfectionnements d'une industrie peuvent devenir une cause de persécutions ou même de proscription?

L'industrie du sucre de betteraves et celle du sucre de fécule constituent des annexes précieuses pour nos exploitations agricoles. Ce sont les brasseries, les distilleries qui ont fait la richesse agricole de la Belgique et de l'Allemagne. La France peut trouver les mêmes avantages dans ses sucreries et ses féculeries, et amener ainsi à une heureuse solution la question des bestiaux qui préoccupe bien légitimement les économistes.

Mais que répondre au reproche qu'on ne craint pas de faire à la betterave, qu'elle enlève au sol ses principes fécondants, qu'elle ne peut venir en aide à l'engraissement des bestiaux? Laissons parler nos cultivateurs-fabricants qui ne consultent que les faits.

« Il était important pour notre agriculture de trouver un emploi lucratif de plantes sarclées pour leur faire tenir une plus grande place dans nos assolements et diminuer la jachère qui réduit encore si considérablement le produit de nos terres. La betterave est d'une production trop coûteuse pour devenir l'objet d'une grande culture en vue seulement de l'élève ou de l'engraissement des bestiaux, mais il s'est heureusement trouvé que la fabrication du sucre indigène livre, sous forme de pulpe, 20 à 25 0/0 de la betterave à la nourriture des bestiaux.

» Dans une exploitation de 80 hectares, à laquelle se trouve jointe une sucrerie traitant chaque année 2,000,000 à 2,500,000 kil. de betteraves, cette pulpe permet d'engraisser, par campagne, 90 à 100 bêtes à cornes et 12 à 1,500 moutons. Les bêtes à cornes fournissant 150 à 200 kil. net de viande, et les moutons 25 kil. environ, c'est donc au moins 50,000 kil. de viande grasse fournie à la consommation, et de là résulte évidemment une masse d'engrais qui ne laisse pas la terre stérile.

» Il est vrai que la pulpe n'est pas donnée comme seule nourriture, qu'on y joint, suivant les circonstances, du trèfle, des tourteaux, des céréales à bon marché, des glands, des graines de légumineuses, etc. Mais il n'est pas moins vrai qu'une ferme de même contenance, dépourvue de pulpe, produirait à peine une quantité moitié moindre de viande grasse et de fumier. Ainsi, en admettant que la fabrication des 2,000,000 de kil. de betteraves ne donne lieu qu'à la production de 25,000 kil. de viande grasse, les 800,000,000 de kil. de betteraves, destinés à produire les 40,000,000 de kil. de sucre qui peuvent être demandés à la production métropolitaine, représenteront 10,000,000 de kil. de viande grasse ou 1 kil. par 4 kil. de sucre.

» Cette production est exclusivement due à la sucrerie, car l'on ne saurait prétendre que ces avantages pourraient être acquis par la culture de la betterave, indépendamment de l'existence des fabriques de sucre; le cultivateur, pour livrer de la betterave au fabricant, doit être payé de 16 à 18 fr. les 1000 kil., tandis que la pulpe lui est vendue par le fabricant de sucre, lorsque ce dernier ne l'utilise pas lui-même, à raison de 6 à 8 fr. (c'est moins que la moitié du prix de la betterave); or, il est reconnu que cette pulpe est, pour l'engraissement des bestiaux, d'une utilité plus grande que la betterave elle-même; elle a, sur la betterave, l'immense avantage de se conserver des années entières dans des silos, sans rien perdre de sa qualité nutritive, et de permettre ainsi au cultivateur d'assurer l'existence de son bétail, par une nourriture à l'abri de l'intempérie des saisons.

» Les feuilles et les collets des betteraves restent sur le champ qui les a produits et servent à la nourriture des moutons, ou sont enterrés pour servir d'engrais, et constituent, dès-lors, une légère fumure, qui assure la réussite du blé semé à époque convenable. Outre la pulpe et les feuilles, l'industrie sucrière fournit à l'agriculture une autre matière fertilisante : la fabrication donne un poids à peu près égal à celui du sucre en écumes de défécation, qui consistent dans la combinaison des matières azotées que contient le jus de betteraves avec de la chaux. Cette matière, que nos cultivateurs achètent à raison de 1 fr. à 1 fr. 25 c. l'hect., est d'une activité comparable à celle des meilleurs engrais.

» Tant que la mélasse a été recherchée par les distillateurs, elle n'a pas accru la production d'engrais; mais depuis que le prix de l'alcool s'est abaissé, on en donne une certaine quantité aux bestiaux, et l'on s'en sert également pour fertiliser les terres.

» Ainsi, le cultivateur trouve dans l'industrie du sucre de betteraves, avec ses conditions pratiques et son importance actuelles, près de 200,000,000 de kil. de pulpe de betteraves, qu'il achète à 6 et 8 fr. les 1,000 kil., tandis que la betterave lui est payée à raison de 16 à 18 fr. Il trouve une légère fumure dans les collets et les feuilles. Il trouve dans les écumes, dans les mélasses même, un engrais puissant et économique.

» En résumé, tout le produit de la végétation, à l'exception du sucre, qui est une matière non azotée, ne retourne-t-il pas à la terre? où est la culture qui amène pour le maintien de la fertilité du sol de meilleurs résultats? Ainsi la sucrerie n'a pas seulement enseigné à cultiver une plante sarclée, elle en a extrait tout d'abord un produit d'une grande valeur, et a, de cette manière, procuré aux bestiaux une nourriture à bon marché, aux terres un engrais abondant. Elle a accru la fécondité du sol partout où elle a pu résister aux charges qui lui ont été imposées : cela saute aux yeux de tous ceux qui ont des yeux pour voir et n'examinent pas la question avec des idées préconçues, auxquelles ils font à plaisir plier tous les faits en les dénaturant. »

L'industrie du sucre de fécule ne présente pas moins d'intérêt pour l'avenir de notre agriculture que celle du sucre de betteraves. Le développement de cette industrie ne date encore que de 2 ou 3 ans, et déjà plus de 80,000,000 de kil. de pommes de terre sont consacrés à faire des sirops et du sucre de fécule. Pour comprendre ce que cette industrie a d'avenir, il suffit de savoir que 100 kil. de fécule donnent plus de 100 kil. de sucre sec ou leur représentant en sirop. Que cette transformation se fait avec la plus grande facilité, en peu d'heures et à peu de frais; que le prix de la fécule sèche qui, en 1840, était de 22 fr. les 100 kil., pourra peut-être diminuer encore dans les années où la récolte sera abondante; que ce prix, sur-tout, se trouve réduit par la facilité de pouvoir consacrer à la fabrication du sucre la fécule *verte* sans la dessécher. Il est donc permis d'espérer que le sucre de fécule en masse compacte pourra un jour être livré à la consommation au prix de 25 à 30 fr. les 100 kil.; c'est, comme on voit, moins cher que le pain. Et au lieu de fonder sur cette nouvelle industrie un espoir d'améliorer le système alimentaire de la classe peu aisée de la société, on propose de la comprendre dans la proscription dont on veut frapper l'industrie du sucre de betteraves.

Ici, du moins, l'on ne saurait, pour excuser cette interdiction ou en amoindrir les tristes résultats, s'étayer, comme on le fait pour la betterave, de ce que l'agriculture de quelques départemens les plus favorisés par la fertilité de leur sol, est seule intéressée dans la question. La culture de la pomme de terre promet des éléments de prospérité aux contrées surtout où l'agriculture n'a pas encore fait élever le prix de la terre. La culture de la pomme de terre n'appartient-elle pas déjà aux contrées les moins favorisées de la nature ?

Le projet de loi, en interdisant la production du sucre concret de fécule, a-t-il entendu n'atteindre que le sucre sec, ou s'étend-il au *sirop massé* qui forme la principale partie de la production et qui a la consistance du suif ?

En exceptant de l'interdiction la fabrication des sirops le Gouvernement a-t-il suffisamment compris que ces sirops, suivant qu'ils sont concentrés de 33 à 40 degrés de l'aréomètre, donnent, par le refroidissement seul et le repos des sucres secs, des sucres *massés* ou des sirops plus ou moins liquides.*

---

* La falsification des sucres, par leur mélange avec le sucre de fécule, falsification facile à constater, ne saurait justifier une interdiction ; n'est-il pas de cette falsification comme de celle qui, dans le commerce d'épicerie en détail, consiste à mêler de la chicorée au café moulu ?

§ 6. — AVANTAGES MARITIMES ET POLITIQUES DE L'ADMISSION DU SUCRE ÉTRANGER.

En ce qui concerne le sucre étranger, la Chambre de commerce ne peut comprendre comment le Gouvernement cherche à lui livrer le marché de la France, quand déjà il se plaint de l'encombrement des produits métropolitains et coloniaux.

Non seulement la Chambre de commerce s'élève avec énergie contre cette tendance qui porte à mettre en lutte plus directe nos producteurs nationaux avec les producteurs étrangers, mais elle appelle de tous ses vœux une protection plus efficace de nos établissements sucriers, tant coloniaux que métropolitains. Elle voit de grandes chances d'amélioration dans l'élévation de la surtaxe sur les sucres étrangers qui, par leur menace permanente d'entrer dans la consommation, viennent s'opposer à toute élévation de prix.

La surtaxe actuelle, avons nous dit avec M. le ministre, *est une barrière à peine suffisante,* et cependant la conséquence nécessaire de la loi, c'est dans un avenir rapproché, la diminution de la surtaxe.

La Chambre de commerce repousse enfin le système ministériel de suppression de la sucrerie indigène et les tendances vers l'approvisionnement de la France par le sucre étranger, parceque ce système est à-la-fois contraire au travail métropolitain et compromettant pour le travail colonial. Tant que la lutte restera entre le sucre colonial et le sucre métropolitain, le Gouvernement sera à même de garantir les colonies en arrêtant le développement du sucre indigène par l'application de droits calculés en conséquence; mais si la lutte se complique des prétentions du sucre étranger à prendre sa part de la consommation, l'équilibre sera plus difficile à maintenir et la victoire restera au sucre étranger, qu'appellent si instamment la spéculation et l'esprit fiscal.

Si le sucre indigène était sacrifié par l'interdiction, la position si précaire des colonies serait plus précaire encore. La sucrerie, comme travail national, ne trouverait plus de défenseurs dans la métropole, et la ruine des colonies serait consommée. En vain, dira-t-on, les droits sur les sucres étrangers pourront être réglés de manière à laisser au placement des sucres coloniaux un prix avantageux ; mais s'il prend au sérieux cette intention de protéger le travail colonial, le Gouvernement pense-t-il, comme il en a la facilité avec le sucre indigène, pouvoir modifier tous les ans les droits qui frappent la production rivale. S'il fait des traités avec le Brésil, s'il veut établir des relations avec l'Inde, pourra-t-il, sans négociations diplomatiques et sans s'exposer à de graves récriminations, mettre une aussi grande mobilité dans le chiffre du droit d'entrée des sucres étrangers ; ne devra-t-il pas attendre, pour opposer une barrière nouvelle aux sucres étrangers, que les opérations entamées soient arrivées à leur fin, et ces opérations exigent, pour être consommées, six et huit mois de durée. Pendant ce temps, les pays les plus rapprochés trouvant moyen de rendre illusoires des taxes différentielles, viendront inonder notre marché de leurs produits, avec l'assurance d'une hausse, et détruiront ainsi l'efficacité de la mesure. * Veut-on, sans égard à ces considérations, opérer par des modifications brusques; dès-lors comment espérer que la spéculation se hasarde sur un terrain aussi périlleux. Disons donc toute notre pensée, la suppression du sucre indigène c'est, quoiqu'on fasse, la suppression du sucre colonial, et lorsque cet admirable résultat aura été obtenu, qu'y aura gagné notre marine ? Elle aura perdu l'activité de ses rapports privilégiés avec les colonies (14 % de notre mouvement par pavillon national), et se trouvera en lutte avec la marine étrangère pour tous nos approvisionnements de sucre.

M. le ministre, en invoquant le grand nom de Colbert dans l'intérêt de notre marine, omet de nous dire que Colbert, en donnant de l'impulsion aux forces navales de la France, ne l'a pas fait au détriment du travail national ; il oublie que Colbert a naturalisé en France une foule de fabri-

---

* Est-il bon de conclure avec les puissances étrangères des traités formels, spéciaux, applicables à l'échange de certains produits ? Est-il bon de subordonner le maniement de ses tarifs de douane aux engagements contractés en vertu de stipulations diplomatiques ? Ne serait-il pas plus sage et plus avantageux de conserver sa liberté complète, de n'accepter aucune obligation, de rester toujours maîtres de ses décisions et de ses mouvements en matière de douanes ?

La Presse, 22 janvier 1843.

cations importantes; que, dès qu'il apercevait chez l'étranger quelque branche d'industrie florissante, il s'efforçait de faire refluer sur notre sol les nouvelles sources de richesses et de prospérité qu'elle pouvait lui assurer. Croira-t-on que Colbert eût considéré comme utile au pays de détruire le travail national dans la vue d'étendre ses relations avec des pays éloignés.

Après tout, n'est-il pas possible de donner à notre marine des éléments de prospérité, sans que ce soit aussi directement au détriment de notre production nationale ; que le Gouvernement lui confie tous les transports faits pour des services publics, tabacs et autres ; qu'une faveur plus grande soit même accordée à notre pavillon pour qu'il puisse prendre une part plus large dans nos approvisionnements de coton, de café, etc.; ce seraient là des améliorations bien plus efficaces que celle qui consisterait à étendre nos besoins de produits étrangers à un supplément insignifiant de 30 à 40 millions de kil., dont la marine étrangère transportera plus des 9/10.

§ 7. — INTÉRÊTS DU TRÉSOR.

Rien ne paraît au premier aperçu plus concluant que cette démonstration, que si nous remplaçons les 30 millions de kil. de sucre indigène que fournit aujourd'hui la Métropole en payant un droit de 27 fr. 50 cent., par du sucre étranger auquel on demandera un droit de 71 fr. 50 cent., il n'y ait un grand bénéfice à faire, et qu'il serait facile de desservir l'indemnité en faveur des fabricans indigènes.

De cette substitution dans les conditions indiquées résulte en effet un bénéfice annuel de 13,200,000 fr.; mais en examinant avec attention les conséquences de la mesure proposée, on arrive bientôt à reconnaître ce que les prévisions ministérielles présentent de hasardé. En effet, M. le ministre prévient dès aujourd'hui que pour réaliser la substitution du sucre étranger au sucre métropolitain, il faudra diminuer la surtaxe dès que l'encombrement actuel aura cessé d'exister : Supposant donc que la diminution de la surtaxe qui paraîtrait nécessaire, pour obtenir quelques concessions des nations avec lesquelles nous contracterions des traités, soit de 10 fr.

par 100 kil.; il y aura déjà à retrancher des 13,200,000 fr., 3,300,000 fr.; reste 9,900,000 fr.

Bientôt on aura reconnu que les droits actuels sur le sucre colonial devront être également réduits de 10 fr. pour ne pas placer les colons, par rapport au sucre étranger, dans des conditions plus défavorables que celles actuelles, où déjà leurs prix ne peuvent atteindre (au taux auquel se trouve le sucre étranger), le prix rémunérateur de 23 fr. 50 c. qu'elles réclament. Or, cette réduction nécessaire, indispensable, pour sauver les colonies, si toutefois la sollicitude qu'on leur a témoignée est sincère, amènera dans nos recettes une diminution de 11 fr. par 100 kil. sur 90,000,000 de kil., soit de 9,900,000 fr.

Que reste-t-il pour payer une indemnité de 40 millions? rien, absolument rien.

Telle est la véritable situation de la question au point de vue financier. Que l'on nous dise que la surtaxe ne sera pas abaissée de 10 fr., que le sucre colonial ne sera pas dégrevé de 10 fr., soit, nous le voulons bien; mais qu'on ne s'étaye pas dès-lors de tous ces avantages qu'on veut attacher à la mesure de l'interdiction; qu'on ne nous montre pas les nombreux traités de commerce qui doivent étendre à l'infini nos relations maritimes et où l'on veut stipuler des avantages pour nos manufactures en compensation des concessions qu'on veut faire. Qu'on ne nous parle pas de cette prospérité subite des colonies, aujourd'hui si malheureuses, si on ne veut que les compromettre dans une lutte mille fois plus dangereuse pour elles que celle qui leur a permis, à l'abri de la loi de 1840, de trouver le placement annuel sur le marché de la Métropole, sans diminution appréciable dans les prix de vente, de 15 millions de kil. de plus qu'en 1840. Disons, pour nous résumer sur ce point, que l'intérêt du Trésor n'est admissible que par la faveur exclusive qui serait donnée au sucre étranger au détriment des colonies.

Intérêts du Trésor et du sucre étranger, voilà deux intérêts conciliables, et sur lesquels on peut fonder des ressources nouvelles pour le Trésor; mais à ces deux intérêts combinés, l'on ne saurait joindre l'intérêt colonial. Il y a là une incompatibilité qui saute aux yeux de tout homme qui veut aborder l'examen de ces questions avec bonne foi.

Examinons cependant comment, dans son exposé des motifs, M. le ministre arrive à constater un supplément de recettes de 20 à 22 millions de fr.

En 1841, dit-il, les droits ont été perçus sur 74,514,503 kil. de sucre colonial et sur 27,162,000 kil. de sucre indigène. C'est-à-dire, sur une quantité totale de 101,676,503 kil.; en arbitrant la consommation sur 115 millions de kil., il en résulte un déficit de 13 à 14 millions que M. le ministre attribue à la fraude du sucre indigène; ces 13 ou 14 millions de kil., remplacés par du sucre étranger au grand droit, justifieraient ses prévisions, quant au bénéfice brut, mais sans tenir compte de la double nécessité dont nous avons parlé.

L'argumentation tirée de la fraude par M. le ministre repose sur des suppositions qu'écarte de la manière la plus absolue cette presqu'unanimité des fabricants à accepter l'interdiction, unanimité qui n'aurait certainement pas lieu si la fraude s'exerçait sur une si grande échelle. Mais admettons que ce soit ainsi que les choses se présentent; qu'en 1841, la fraude sur le sucre indigène ait été, par suite de la négligence apportée dans la perception, de 14 millions de kil.: en résulte-t-il que cette fraude existe encore aujourd'hui que, de l'aveu des fonctionnaires préposés à cette perception, le service se fait avec une grande régularité, grâce à la mesure prise il y a quelques mois de charger des employés spéciaux de ce service; c'est ce dont M. le ministre ne fait pas mention, peut-être parceque cet heureux résultat accuserait la négligence ancienne et renverserait tout ce brillant étalage d'un bénéfice imaginaire au profit du trésor.

Nous voyons au contraire, dans les assertions ministérielles, insister sur l'inutilité des mesures prises pour assurer la perception intégrale des droits. M. le ministre du commerce, dans son exposé des motifs, dit, d'une manière générale, que *des quantités plus ou moins considérables de ce sucre échappent encore à l'impôt.*

Dans la discussion des bureaux de la Chambre des députés, il est plus explicite; il dit que cette fraude s'élève encore au quart au moins du chiffre officiel; et M. le ministre des finances déclare également que les mesures auxquelles le Gouvernement avait eu recours pour prévenir la fraude ont été impuissantes. Ainsi l'administration financière du pays vient déclarer son impuissance à percevoir l'impôt, et, au lieu d'étudier sérieusement la question de perception, elle vient proposer à la France la mesure sauvage de l'interdiction de l'industrie.

A quelles conséquences un pareil système ne conduit-il pas! Pourquoi ne pas demander aussi à l'étranger, en vue d'une perception plus facile et surtout plus complète des droits, les eaux-de-vie, les alcools, le vin, la bière? Il y aurait là surtout ample moisson pour le trésor.

Et que l'on ne croie pas que ce soit la première tentative faite dans cet ordre d'idées. Il y a quelques années, un chimiste trouve un procédé économique d'extraire du sulfate de soude des eaux-mères des salines; cette découverte promettait un abaissement considérable dans le prix de ce produit, et par suite dans le prix de la soude qu'il sert à fabriquer. Tout aussitôt M. le ministre des finances s'émeut des résultats possibles de cette découverte qui pouvait conduire à préparer artificiellement du sel marin en combinant la soude avec l'acide hydrochlorique que produisent abondamment nos manufactures de produits chimiques.

M. le ministre, en prévision de ces résultats, n'a rien trouvé de mieux à faire que de prendre une décision par laquelle il interdit la création de nouvelles fabriques d'acide hydrochlorique et limite le travail des fabriques existantes à leurs moyens de production actuels. Cette décision est du 8 février 1841 et a été notifiée aux intéressés. *

Faut-il ajouter que si cette décision n'est pas jusqu'ici mise à exécution d'une manière rigoureuse, c'est que les intéressés ont sans doute fait comprendre à M. le Ministre que la mesure était prématurée, et que, du reste, cette limitation de la production d'une matière dont les emplois sont très-importans, outre ce qu'elle présentait de contraire à la liberté du travail et d'exorbitant dans les attributions ministérielles, arrêteraient beaucoup d'industries nationales dans leur développement.

Dans la question des sucres, on n'a pas pu procéder de même, parce que

---

* On pouvait opérer plus sûrement. Plusieurs écrivains anciens ont parlé de la prétendue découverte du verre malléable. Sous le règne de Tibère, un célèbre architecte, banni de Rome, espéra rentrer en grâce auprès de l'empereur, en lui offrant un vase de verre qu'il était parvenu à rendre malléable; mais l'empereur, craignant que cette découverte ne fît baisser la valeur de l'or, lui fit trancher la tête, afin que la connaissance d'une invention qu'il croyait devoir être si nuisible ne transpirât pas.

(Dion Cassius, *Hist. rom.*)

le nombre des fabriques était plus considérable et que l'on voulait arriver à un remède plus radical, l'interdiction complète du travail ; mais les dispositions générales du Gouvernement se dessinent assez bien dans la mesure que nous venons de citer pour éveiller l'attention des Chambres sur le danger que court en général le travail national, aux prises avec un esprit fiscal, qui ne trouve pas de meilleure manière de garantir l'impôt que de fermer l'avenir à tous progrès.

Que l'on étaye donc les projets ministériels des avantages nés d'une perception plus facile, ou qu'on les étaye de ceux d'une perception plus large, l'un et l'autre argument ne peuvent avoir de valeur, car l'un et l'autre nous jettent dans une voie fatale. Il n'y a en effet pas plus de raisons pour substituer, en vue de plus grandes recettes pour le Trésor, le sucre étranger au sucre métropolitain, qu'à substituer les tissus étrangers aux tissus français, les fers étrangers aux fers français, etc., etc. Ainsi l'on pourrait baser sur des combinaisons fiscales, la suppression de nos industries les unes après les autres, car toutes, et l'industrie maritime la première, vivent de protection, toutes peuvent être anéanties au profit du Trésor, en appelant sur le marché français les produits étrangers frappés de droits élevés, et en en abandonnant tous les transports à la marine étrangère.

III.

La loi d'interdiction est injuste et impolitique ; l'indemnité est impossible.

Après les considérations que nous venons de présenter, nous n'avons plus à entrer dans de longs développemens pour faire ressortir ce que le projet de loi du Gouvernement présente d'anti-national. L'accueil qu'il a reçu à la Chambre des Députés dès sa présentation, la discussion préparatoire dans les bureaux, enfin la composition de la commission nommée pour en faire l'examen, tout nous assure que par avance cette chambre en a fait justice. Comment comprendre que le Gouvernement ait pu espérer trouver une majorité dans les chambres pour sanctionner une mesure législative basée sur des principes si étranges, et qui, quoiqu'en dise M. le ministre du commerce, devait créer un précédent aussi dangereux. L'application du même principe ne se présenterait-elle pas à l'esprit des intérêts froissés, dès qu'un changement dans nos lois de douanes, une modification de tarif, un traité de commerce, un changement de frontière viendraient compromettre momentanément quelques existences industrielles ou commerciales. Cette manière de venir en aide à des industries souffrantes, ne trouverait-elle pas son application toutes les fois qu'une industrie ancienne se trouve en lutte avec une industrie nouvelle, et ces sortes de luttes sont incessantes ; tantôt c'est le tissage à la main qui succombe sous la concurrence du tissage mécanique, tantôt c'est l'industrie du roulage qui est repoussée d'un point du territoire par la création d'un chemin de fer.

Le Gouvernement, dans ses idées fiscales, vous demande, Messieurs, de sanctionner une espèce de protestation publique contre les efforts de l'intelligence et les conquêtes du génie, contre toute création nouvelle qui pourra entraver ses rouages financiers et exiger de lui quelques efforts pour régulariser de nouveau les sources de recettes du trésor.

Ce ne sera pas assez d'enlever au travailleur français la production du sucre ; à notre agriculture la précieuse culture de la betterave, se liant si heureusement à l'éducation des bestiaux ; au consommateur une garantie contre toute élévation désordonnée dans le prix d'une denrée de première nécessité ; ce ne sera pas assez de sacrifier cette autre industrie agricole, le sucre de fécule, appelé à devenir d'une importance immense et à porter des améliorations heureuses dans le système alimentaire du pauvre. Comme conséquence de la mesure d'interdiction qui vous est proposée, on vous demande de frapper de stérilité toutes les recherches actuelles et futures, qui se recommandent à un haut degré à l'attention publique, parce qu'elles tendent à nous affranchir de tout tribut étranger et à augmenter l'indépendance politique de la France. Frapperez-vous de votre mesure législative ces hommes laborieux qui consacrent leur existence à des applications industrielles ? Arrêterez-vous vos corps savans dans leurs encouragemens publics? Protesterez-vous contre leurs efforts d'acclimater dans le pays quelque plante tinctoriale, de donner aux bois indigènes des propriétés nouvelles, qui leur permettent de se substituer aux bois exotiques?

La voie dans laquelle on tend à vous faire entrer, Messieurs, soulèvera bien des difficultés au lieu d'aplanir le terrain ; l'esprit humain aiguillonné par le besoin est actif, l'intelligence travaillera et déjouera toutes vos combinaisons. La chimie organique, cette science des transformations; la physique, la mécanique, vous créeront tous les jours des difficultés nouvelles à vaincre, un équilibre à rétablir.

Adoptant le système d'interdiction, si, pour garantir le Trésor, vous voulez à tout jamais arrêter le progrès, inscrivez dans votre législation des brevets d'invention que nul ne sera breveté s'il invente quelque chose de nouveau. Sans cette précaution, vous serez tous les jours exposés à des demandes d'indemnités, soit de la part des brevetés, soit de la part de l'industrie froissée par l'invention nouvelle.

Ajoutons quelques mots sur l'indemnité que le projet de loi propose d'accorder aux seuls fabricans de sucre et sur les réclamations auxquelles cette disposition a donné lieu de la part des industries accessoires.

Il faut être bien peu familiarisé avec l'enchaînement des intérêts et des opérations industriels, ou savoir faire de bien grands sacrifices, mettre de côté toute considération d'équité, pour aborder la question de l'indemnité dans les termes dans lesquels l'a posée M. le ministre du commerce. Et cependant, *c'est au nom des grands intérêts, de l'humanité, de la justice et de la politique que l'adoption du projet de loi est demandée.* Dans l'exposé des motifs, il est dit : *Les prétentions des exploitations secondaires, plus ou moins intéressées à l'existence de la sucrerie indigène, ne sauraient se justifier.*

La chambre de commerce de Lille, après avoir examiné les nombreuses réclamations que les dispositions du pouvoir ont fait naître, les a recommandées à la bienveillance du gouvernement et des chambres. Elle éprouve donc le besoin de justifier l'appui qu'elle a prêté à ces réclamations.

Une industrie ne saurait s'élever isolément ; elle se compose de toutes les industries qui lui viennent en aide et auxquelles le plus souvent elle donne naissance. Les industries accessoires, sont, dans leurs rapports avec l'industrie principale, les membres d'un même corps qui doivent souffrir et succomber avec lui.

Ces observations générales s'appliquent surtout à l'industrie du sucre de betteraves, qui emprunte à l'agriculture sa matière première, et qui a fait naître, pour cette agriculture, des engagements de longue durée, contractés en vue d'un grand avenir, et au maintien desquels les propriétaires fonciers, comme les cultivateurs, sont essentiellement intéressés. Cette industrie, là où elle s'est concentrée, a fait naître des ateliers spécialement destinés à lui fournir des instruments et des approvisionnements divers. Les ateliers destinés à la fabrication des machines à vapeur, des presses hydrauliques, des appareils de concentration, de cuite, etc., etc., éprouveraient par la suppression des sucreries, le double inconvénient d'être privés tout-à-coup de travail, et de voir jeter dans la consommation, et à vil prix, une masse considérable d'appareils mécaniques de toute nature, où l'industrie générale trouverait à s'approvisionner pendant plusieurs années.

La sucrerie indigène fait une consommation considérable de noir animal. Ce produit, préparé d'abord dans les usines à sucre, est aujourd'hui fabriqué sur une grande échelle dans un certain nombre d'usines spéciales qui n'ont d'existence que par l'industrie menacée.

Des raffineries nombreuses se sont créées à proximité des sucreries et seraient fermées pour la plupart le jour même où l'on supprimerait l'industrie indigène, parce qu'elles ne se trouvent pas dans des conditions favorables pour lutter avec les raffineries des ports pour le raffinage des sucres coloniaux ou étrangers.

Lille, devenue un marché important pour les sucres, les charges de courtiers ont pris sur cette place une valeur considérable ; les titulaires actuels de ces charges, acquises sous l'influence de ces prix élevés, seraient exposés à une véritable dépossession, si l'industrie du sucre indigène venait à être supprimée.

Des services de navigation accélérée se sont organisés entre Lille, Valenciennes et Paris, spécialement en vue du transport des sucres indigènes.

La fabrication du sucre indigène, en donnant lieu à la production d'une quantité considérable de mélasse, a fait surgir de nombreuses distilleries et vinaigreries exclusivement alimentées par la mélasse de betterave.

L'utilisation des résidus de ces distilleries a fait naître des établissements spéciaux pour extraire la potasse que ces résidus contiennent en quantité notable ; à ces fabriques de potasse se sont joints des ateliers de savonnerie. Une seule de ces fabriques a absorbé un capital de 1,500,000 fr. Et que l'on ne prétende pas que ces établissements pourront être alimentés par les mélasses du sucre exotique; ces mélasses sont d'un prix trop élevé pour la distillerie et d'ailleurs ne contiennent pas les sels alcalins qui se trouvent contenus dans la mélasse de betterave.

Ajouterons-nous que les inventeurs de procédés et d'appareils nouveaux concernant la fabrication du sucre de betteraves, eux qui ont acheté leur privilége du Gouvernement, seraient dépossédés de ce privilége par suite de la suppression de l'industrie.

Viennent encore les réclamations de tant de milliers de commis, contre-maîtres, cuiseurs, etc., qu'une expérience de longues années a placés dans une condition prospère. Ne faut-il pas surtout tenir compte de l'intérêt de toute cette population ouvrière qui, par une mesure législative, peut être sans dédommagement privée subitement de tous moyens d'existence.

Comment comprendre enfin cette autre prétention de M. le ministre, de supprimer la fabrication du sucre concret de fécule sans allouer d'indemnité aux producteurs de cette espèce de sucre. Ne résulterait-il pas des dispositions de la loi que le sucre concret de fécule doit être compris dans la proscription, parce que c'est du sucre, et que l'indemnité n'est pas acquise aux fabricants, parce que ce n'est pas du sucre.

Pour justifier sa mesure d'arrêter l'indemnité aux sucreries, M. le ministre établit que *l'État, en s'imposant le rachat d'une industrie, pour cause d'utilité générale, n'est pas plus tenu en cette matière qu'en tout autre cas d'expropriation d'étendre la mesure au-delà des intérêts directement compris dans la dépossession.*

Les industries accessoires viennent dire dans l'intérêt de leur cause : S'agit-il ici de l'expropriation d'une maison, d'une pièce de terre, d'une propriété enfin dont le rachat entre dans l'application ordinaire de la loi du 7 juillet 1833 ? M. le ministre ne donne-t-il pas au principe du rachat pour cause d'utilité générale une extension que ne comporte pas cette loi ? Pourquoi, si c'est une simple application qu'il en veut faire, ne pas suivre les formes qu'elle prescrit ? pourquoi en appeler à une décision législative ? pourquoi supprimer l'enquête ordinaire ? pourquoi ne pas appliquer les dispositions de la loi commune dans l'appréciation de l'indemnité ? pourquoi arbitrer d'un trait de plume l'importance de cette indemnité, sans même entendre les intéressés ?

La Chambre de commerce n'a pas à examiner jusqu'à quel point les termes de la loi d'expropriation sont applicables aux intérêts dont nous venons de faire connaître la position; dans l'appui qu'elle a donné aux réclamations qui se sont fait jour, elle a été dominée avant tout par un sentiment d'équité qu'elle a cherché en vain dans les dispositions de la loi présentée.

Elle a pensé que lorsqu'on vient, comme M. le ministre, *au nom des grands intérêts de l'humanité, de la justice et de la politique*, réclamer au profit d'une nation généreuse comme la France, l'expropriation d'une grande industrie, il est de la dignité d'un gouvernement de ne pas chercher à échapper aux obligations que l'équité impose.

IV.

RÉSUMÉ.

Nous avons signalé en commençant l'espèce de persécution dont l'industrie du sucre indigène a été l'objet depuis quelques années, de la part du Gouvernement, poussé par une fiscalité aveugle a en demander la destruction, et excité par les réclamations passionnées de quelques intérêts privés.

Nous avons fait connaître quelle est la position respective faite par la loi de 1840 aux deux sources de production : celle métropolitaine et celle coloniale.

Quant à l'industrie métropolitaine, nous en avons démontré toute l'utilité ; nous avons prouvé qu'elle a répondu au-delà de toute attente, aux encouragements dont elle a été l'objet, et que ce sont ses progrès mêmes qui lui ont suscité une si vive opposition, en alarmant des intérêts rivaux.

Nous avons montré l'industrie métropolitaine se soutenant encore, malgré les charges dont l'a frappée la loi de 1840, et nous avons expliqué les motifs de l'augmentation progressive, quoique faible, qu'a subie le chiffre officiel de la production. Nous avons fait voir que depuis sa promulgation cette loi n'a pas été expérimentée dans des conditions normales.

Enfin, nous avons dit que rien ne vient justifier le Gouvernement lorsqu'il argumente contre le sucre de betteraves de ce que la production du sucre extrait de la pomme de terre tend à prendre une grande importance.

Quant à l'industrie coloniale, sans nier l'état de détresse des colons, nous avons dit que leur industrie sucrière vient, autant que possible, lutter contre cette détresse qu'il faut attribuer à des causes diverses et bien connues : Que la loi de 1840 a permis à l'industrie coloniale de se développer et de livrer annuellement à la métropole 15,000,000 de kil. de sucre de plus qu'en 1840, sucre dont elle trouve sur nos marchés un placement aux prix anciens ; que par conséquent la position des colons, en ce qui concerne l'industrie sucrière, est considérablement améliorée, sans même tenir compte d'aucune espèce de perfectionnement, tandis que les faits démontrent que la sucrerie indigène a dû réduire son prix de revient d'un tiers, elle qui n'a plus autant à espérer des améliorations du travail.

Quant à l'intérêt agricole et manufacturier, nous avons prouvé combien cet intérêt est intimement lié à la prospérité de nos sucreries, et combien sont illusoires les avantages que l'on peut espérer, en compensation de la suppression de cette source de travail.

Quant à l'intérêt maritime et politique, il ne nous a pas été difficile d'établir que l'admission du sucre étranger, en France, sur une large échelle, est incompatible avec notre prospérité coloniale, que par conséquent, tout ce qui serait fait en faveur du sucre étranger, serait compromettant pour notre industrie et notre marine coloniales ;

Que le développement de notre prospérité maritime peut se trouver dans une protection plus étendue accordée à notre pavillon, sans faire le sacrifice d'une industrie nationale, pour arriver au résultat insignifiant d'ouvrir notre marché à 30 ou 40 millions de kilogrammes d'un produit exotique dont notre pavillon ne transporterait qu'une faible part ;

Que les traités de commerce applicables à des échanges pour du sucre soit compromettans pour nos colonies, en subordonnant les remaniemens de nos tarifs à des engagemens contractés en vertu de stipulations diplomatiques.

Quant au Trésor, nous avons prouvé ce qu'il y avait de hasardé dans les prévisions ministérielles; que l'augmentation des recettes du Trésor par l'admission du sucre étranger, est incompatible avec la protection que réclament nos colonies; que le bénéfice du Trésor, ce principal argument par lequel on veut étayer la destruction de l'industrie métropolitaine, disparaît complètement du moment où le gouvernement, sincère dans sa sollicitude pour les colonies, voudra concilier leur position avec l'admission du sucre étranger. Enfin, que le bénéfice du Trésor n'est possible qu'au prix de la ruine des colonies; que ce serait faire un sacrifice trop considérable aux intérêts fiscaux, que de leur accorder simultanément la ruine de l'industrie métropolitaine et celle de l'industrie coloniale, pour nous exposer à toutes les chances d'une élévation désordonnée dans les prix du sucre à la moindre apparence d'une guerre maritime.

Nous avons fait ressortir ce qu'il y a d'audacieux dans cette pensée d'interdire une industrie née d'une découverte scientifique, dans des vues purement fiscales, lorsque cette industrie donne les plus grandes garanties d'un avenir prospère. Nous avons fait ressortir tout le danger d'introduire un précédent aussi étrange dans notre législation commerciale.

Enfin, nous avons terminé par faire comprendre ce qu'il y a d'impossibilité dans le principe de l'indemnité, ce qu'il y a d'injustice dans son application telle que l'entend le projet de loi.

La Chambre de commerce de Lille, prenant en considération tous ces faits et ces argumens, proteste contre cette hostilité systématique que le pouvoir ne cesse de montrer à la sucrerie métropolitaine, qui mérite bien sa part de la protection assurée à toutes nos sources de travail. Elle en appelle à l'équité des Chambres législatives, elle place cette industrie sous leur sauve-garde, pour la faire échapper au péril qui la menace.

La Chambre de commerce ne vient pas, Messieurs, vous placer dans l'alternative d'avoir à faire à cette industrie telle ou telle position, ou de sanctionner le principe monstrueux de l'interdiction, elle a trop de respect pour votre dignité et votre indépendance, et elle est trop sincèrement attachée au principe de la conservation du travail national pour souscrire jamais, et à aucun prix, au sacrifice d'une industrie du pays. Les sollicitations des intérêts privés n'ont pas pu la faire dévier de ce qu'elle considère comme un devoir de position ; vous pourriez donc mutiler une industrie déjà malade, que nous resterions encore attachés à ces mêmes principes, en portant des pensées d'espérance dans l'avenir.

Mais la Chambre de commerce vous supplie, Messieurs, de ne pas aggraver les charges que la loi de 1840 a imposées à la sucrerie métropolitaine, de laisser cette industrie s'exercer dans des conditions normales pendant quelques années, avant de vous prononcer sur les effets de la loi qui les régit. Qu'une perception régulière continue d'assurer au Trésor la rentrée des droits sur le sucre indigène ; qu'une résolution solennelle des Chambres écarte à tout jamais cette pensée odieuse de l'interdiction, cette pensée illusionnante de l'indemnité, et tous ces maux imaginaires, tout cet attirail de calamités, tous ces fantômes qu'on a évoqués, tout aura disparu, et la France vous devra, Messieurs, un exemple du respect dû au travail national, et la conservation d'une industrie qui viendra un jour rendre une éclatante justice à la sagesse de vos résolutions.

TABLE DES MATIÈRES.

I. Exposé général.. 2
II. Examen des motifs présentés a l'appui de la loi d'interdiction.
    § 1.er Coexistence de l'industrie métropolitaine et de l'industrie coloniale..... 5
    § 2. Situation de l'industrie métropolitaine................................ 6
    § 3. Situation de l'industrie coloniale.................................... 9
    § 4. Égalité de l'impôt pour les productions coloniale et métropolitaine........ 11
    § 5. Intérêts de l'industrie manufacturière et de l'agriculture................ 14
    § 6. Avantages maritimes et politiques de l'admission du sucre étranger....... 21
    § 7. Intérêts du Trésor.. 23
III. La loi d'interdiction est injuste et impolitique. L'indemnité est impossible... 27
IV. Résumé... 32

Lille. — Imp. de Parvillez-Rouselle.

www.ingramcontent.com/pod-product-compliance
Lightning Source LLC
LaVergne TN
LVHW020048090426
835510LV00040B/1561